# ÉTUDE

SUR LE

## CARACTÈRE DES PREUVES

EN

# MATIÈRE CRIMINELLE

PAR

## M. PAUL CHARPENTIER

Avocat, attaché au parquet du Procureur Général près la Cour impériale de Paris

PARIS

TYPOGRAPHIE COSSON ET COMPAGNIE

RUE DU FOUR-SAINT-GERMAIN, 43

1862

# ÉTUDE

### SUR LE

## CARACTÈRE DES PREUVES

### EN

# MATIÈRE CRIMINELLE

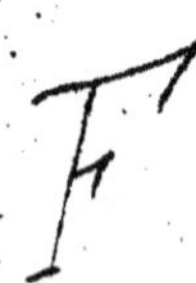

# ÉTUDE

SUR LE

## CARACTÈRE DES PREUVES

EN LA

# MATIÈRE CRIMINELLE

CONFÉRENCE DES ATTACHÉS

# ÉTUDE

## SUR LE

## CARACTÈRE DES PREUVES

### EN

# MATIÈRE CRIMINELLE

PAR

## M. PAUL CHARPENTIER

Avocat, Attaché au parquet du Procureur Général
près la Cour impériale de Paris.

PARIS

TYPOGRAPHIE DE COSSON ET COMPAGNIE

RUE DU FOUR-SAINT-GERMAIN, 43.

1862

**CONFÉRENCE DES ATTACHÉS**

Séance du 6 Janvier 1862.

**PRÉSIDENCE DE M. BRIÈRE-VALIGNY,**

Docteur en droit, substitut du procureur général près la Cour impériale de Paris.

---

# ÉTUDE

## SUR LE CARACTÈRE DES PREUVES

### EN

# MATIÈRE CRIMINELLE

---

MONSIEUR L'AVOCAT GÉNÉRAL,

MESSIEURS,

Le législateur, en donnant au pouvoir judiciaire la mission de rechercher et de punir les infractions à la loi pénale, devait indiquer les moyens à l'aide desquels la preuve de ces infractions serait faite. Pour le choix de ces moyens plusieurs systèmes s'offraient à lui : il pouvait laisser au pouvoir judiciaire la libre appréciation des éléments de preuves qui lui seraient soumis, ou bien lui tracer à l'avance les procédés qu'il conviendrait de suivre, les principes qu'il faudrait observer dans leur examen, en un mot, lui dicter sa conviction et lui imposer sa propre infaillibilité; enfin, il pouvait encore s'en rapporter pour la preuve de certains faits à sa raison seule, et, dans d'autres cas, lui montrer la conduite qu'il aurait à tenir. Quel est de ces trois systèmes celui qu'ont adopté les lois qui nous régissent? quelle part ces lois font-elles à la liberté, quelle à l'autorité? dans quelle mesure l'appréciation personnelle se combine-t-elle avec l'intervention obligatoire de la loi? Quels sont aujourd'hui les rôles respectifs de la preuve légale et de la preuve morale au criminel? Telle est, Messieurs, la question sur laquelle je dois vous présenter quelques réflexions.

Je n'ai point compris dans cette étude le système des preuves au civil, non que la question que je me propose d'examiner n'ait à leur égard sa gravité; c'est, au contraire, en cette matière que le jeu de la preuve offre les ressorts les plus compliqués; mais, forcé de choisir, dans un si vaste sujet, j'ai dû m'arrêter de préférence à la partie de nos lois qui, par la gravité des intérêts qui en dépendent, présentait le plus d'importance. En me bornant aux preuves en matière criminelle, je n'ai point à m'occuper, d'ailleurs, de la preuve du droit pénal; l'interprétation des lois pénales est l'objet d'une science particulière qui demande une étude spéciale; je voudrais seulement exposer brièvement les principes généraux auxquels le Code d'instruction criminelle a soumis la preuve des faits punissables.

Mais il me paraît utile, pour connaître exactement ces principes, de rappeler ceux qui ont dominé dans quelques-unes des législations qui ont précédé la nôtre.

## PREMIÈRE PARTIE

A Athènes, le juge était libre dans l'appréciation des preuves. Il ne pouvait être repris pour avoir, dans un jugement, suivi l'impulsion de son sentiment personnel, au lieu de s'être déterminé par des motifs tirés des éléments mêmes de la cause. Aussi l'éloquence avait-elle sur lui un pouvoir souverain, sauf, peut-être, au sein de l'aréopage, où les plaidoiries, dans la crainte de la séduction qu'exerçaient les rhéteurs, étaient réduites à un court exposé des faits. A Rome, liberté plus grande encore. En effet, bien qu'à l'époque des *quæstiones perpetuæ*, certaines règles, relatives aux conditions et aux formes de la production des preuves, aient commencé à s'introduire dans la jurisprudence, l'indépendance d'examen laissée aux juges n'en a été nullement atteinte. Je n'en voudrais pour preuve que les écrits de Cicéron. Il est curieux d'entendre cet orateur, suivant en cela l'exemple d'Aristote, enseigner au disciple qu'il forme à l'art de bien dire, les moyens d'appuyer ou de combattre les preuves invoquées dans une cause. Rien n'égale la complaisance minutieuse avec laquelle il trace à l'avocat de l'accusation et à celui de la défense les préceptes les plus détaillés sur la manière de tirer des mêmes faits, des mêmes documents, des mêmes circonstances, la culpabilité ou la justification de l'accusé. C'est une sorte de livre en partie double dans lequel les preuves que peut faire valoir dans une même hypothèse chacune des parties sont énumérées avec une impartialité excessive. L'accusateur devra d'abord, dans le récit des faits, semer habilement des traits propres à faire naître les soupçons contre son adversaire ; le défenseur, en répliquant, s'efforcera de les détourner et de les combattre. L'accusateur s'attachera à flétrir la moralité de l'accusé, en signalant, c'est Cicéron qui emploie ce mot, ses antécédents judiciaires. Le défenseur répondra en expliquant les antécédents de son client, et, s'il ne le peut, il contestera à l'accusateur le droit de chercher dans le passé de l'accusé la preuve d'un fait récent. On devra faire plus et arriver au cœur de la cause ; là, il faudra discuter chaque acte, chaque circonstance, donner aux choses un tour favorable à ses prétentions, faire plier à son avantage « *torquere ad suæ causæ commodum*, » les différents moyens qui seront produits. Les résultats de la torture elle-même, qui paraissait jouir cependant d'une grande autorité, ne seront jamais un argument sans réplique. S'ils me sont favorables, je soutiendrai que la question est le plus sûr moyen de connaître la vérité ; me sont-ils contraires, je démontrerai la nullité et l'illégitimité d'un pareil procédé. Ainsi rien de fixe dans les preuves, rien dont la rhétorique ne puisse, à son choix, faire une arme pour l'accusation ou pour la défense. Mais ces minutieux préceptes sur l'art de plaider le pour et le contre ne contiennent que les préliminaires des luttes du forum : le secret de l'art consiste à toucher non la raison mais les passions du juge, à mettre en jeu sa cupidité, à soulever dans son cœur la haine ou l'amour, l'indignation ou l'intérêt, la crainte ou l'espérance, l'envie ou la pitié, en un mot, Cicéron l'avoue lui-même, non à l'éclairer mais à le troubler. C'est à ce prix que s'achète le succès dans les causes difficiles; mais avec de pareilles ressources il ne saurait échapper. Je n'ai pas à apprécier ici la moralité de ces théories : elles suffisent pour prouver que dans l'antiquité romaine, les juges n'étaient assujettis, quant aux preuves, à aucune règle invariable, et que leurs passions étaient, en définitive, les seules autorités dont ils écoutassent la voix.

Les innovations apportées par l'Empire à la législation des Romains ne changèrent pas sensiblement le système des preuves, et il nous faut arriver au moyen âge pour assister à la naissance d'un système nouveau. Le serment des *conjuratores*, les épreuves de l'eau, du fer chaud, le duel judiciaire, sont les premiers exemples notables de preuves auxquelles la loi ait attribué une valeur fixe; celles-là décidaient souverainement du sort des accusés. Il ne faut pas s'en étonner. En prenant Dieu même pour juge de leurs débats, les Francs devaient attacher à cette intervention, si invraisemblable qu'elle fût, de la Divinité, une importance capitale, et pousser jusqu'au bout les conséquences de leur superstition. Quoi qu'il en soit, au dixième siècle, presque toutes les preuves cèdent la place au duel judiciaire qui, en se transformant lui-même, devient la preuve par gages de bataille. Au douzième siècle, la preuve par témoin reparaît, et la preuve par gages de bataille tend à s'effacer. D'un autre côté la torture, heureusement presque oubliée pendant la disparition des lois romaines, et que les Francs appliquaient seulement à leurs esclaves, commence à se réunir aux autres modes de preuves.

Mais au siècle suivant une révolution se produit. Les preuves légales, sans cesser d'exister, ont changé d'objet. Ce n'est plus l'intervention de la Divinité, le jugement de Dieu qui décide les procès, ce sont les témoignages des hommes ou les faits matériels recueillis dans la cause. Le juge n'est plus le maître d'apprécier la preuve; il ne peut que compter les faits, les peser, non dans sa conscience, mais dans la balance inexorable de la loi, et, d'après le résultat de cet examen presque mécanique, prononcer une sentence écrite à l'avance et dont il ne peut s'écarter, en dépit de lui-même. Il faut étudier dans les jurisconsultes des seizième et dix-septième siècles ces laborieuses théories sur la valeur des différents modes de preuves. Il y avait alors les preuves pleines, les preuves semi-pleines, les preuves manifestes, considérables et imparfaites; les preuves concluantes et démonstratives, réelles ou présomptives, affirmatives ou négatives, la preuve vocale, la preuve testimoniale. Chacune d'elles produisait des effets déterminés. La preuve conjecturale par exemple « se tirait des indices, signes, adminicules et présomptions... Ces indices déduits de chaque espèce de crimes étaient, en général, violents, graves ou légers. Plusieurs indices légers formaient un indice grave; un indice grave valait à peu près une demi-preuve;

deux indices graves équivalaient à un indice violent; un indice violent suffisait pour l'application
de la torture. Plusieurs indices de cette espèce suffisaient à la condamnation définitive. » (M. F. Hélie,
t. V, p. 415.)

Tel était l'édifice ingénieux et bizarre que la jurisprudence avait péniblement élevé. La plupart des règles qui le composaient ne manquaient pas, sans doute,
de justesse; elles étaient fondées sur une longue expérience et sur une observation attentive des lois ordinaires de la nature; mais, imposées à l'esprit des
juges, elles devenaient pour eux une véritable tyrannie, et quelquefois, pour les accusés, un danger
sérieux. Grâce à Dieu, un pareil système a depuis
longtemps disparu de nos lois; la liberté et la conscience des juges ont retrouvé leurs droits, et l'accusé
les garanties qui lui sont dues.

Mais le mouvement généreux qui a fait disparaître
ces abus en France n'a pas encore partout produit ses
salutaires effets; certains pays moins favorisés que le
nôtre sont encore soumis aux entraves des preuves
légales. « En Autriche, a-t-on dit spirituellement, le
formalisme a placé l'œuvre de la justice dans les conditions d'un véritable mouvement de peloton; la théorie des preuves devant les tribunaux a quelque chose
d'algébrique. Pour constituer une preuve complète
on énumère vingt conditions différentes : au-dessous
de ce point culminant de la vérité judiciaire se trouve
placée une série de demi-preuves, de deuxièmes demi-
preuves, dont le mécanisme est fort compliqué. »
Dans le reste de l'Allemagne le principe de la règle-

mentation des preuves est aussi en vigueur. Toutefois, dans quelques États allemands, des lois nouvelles ont adouci ce qu'il avait de trop absolu, et dégagé le juge « des principales servitudes du système. » La jurisprudence, en Angleterre, a introduit également certaines règles destinées à guider les juges. Je ne sais cependant si l'on pourrait voir aujourd'hui se renouveler chez nos voisins la scène qui se passait au siècle dernier, devant la Cour du banc du roi, et qu'on cite comme le modèle le plus parfait de l'art d'ignorer méthodiquement ce qui est connu de tout le monde, art qui, selon Bentham, est celui même de la justice. Voici l'anecdote : « Le célèbre Wilker, après s'être soustrait quelque temps à la sentence qui l'attendait, vint se présenter à l'improviste pour la recevoir. La forme voulait, non qu'il vînt de lui-même, mais qu'il parût, envoyé par le shérif. Or, cette forme manquant, l'embarras de la justice était une vraie comédie. Enfin un des juges lui dit : « Monsieur, je veux bien « croire en mon particulier que vous êtes là, puisque « vous le dites et que je le vois, mais il n'y a pas « d'exemple que la Cour en pareille matière ait cru « devoir se fier à ses propres yeux : aussi n'a-t-elle « rien à vous dire. » (Dumont, édition du *traité des Preuves*, par Bentham, liv. I, ch. III.) On avait raison, c'était bien là le chef-d'œuvre du formalisme. Citerai-je enfin, comme un triste exemple de la persistance des preuves légales dans les législations modernes, le récit qu'on nous fait des coutumes des Hindous et des Japonais? Les épreuves judiciaires se seraient, dit-on, réfugiées parmi eux, et elles se seraient même enrichies, au Japon, d'une espèce particulière que notre histoire avait toujours ignorée, l'épreuve du crocodile, qui consiste à traverser à la nage un fleuve peuplé d'animaux de cette espèce. Les habitants de l'onde se font les exécuteurs de la justice sociale : dans le cas où l'accusé gagne sans encombre la rive opposée, il est porté en triomphe et mis en liberté ; mais on fait observer avec raison qu'il est rare que l'épreuve se termine ainsi dans un pays où les crocodiles abondent.

L'histoire nous montre donc en présence deux systèmes absolument opposés, qui représentent l'un l'indépendance, l'autre l'autorité, celui-ci le libre examen, celui-là la tradition. Quelle doit être la cause de différences aussi profondes ? Un éminent jurisconsulte allemand, M. Mittermayer, n'hésite pas à l'attribuer aux différences mêmes des systèmes de procédure au milieu desquels les preuves se produisent.

Selon lui, partout où domine le principe de l'accusation, l'appréciation des preuves est laissée au libre arbitre du juge ; partout, au contraire, où prévaut le système de l'inquisition, c'est la preuve légale qui est en honneur. Dans le système de l'accusation qui est celui des sociétés démocratiques, deux circonstances empêcheraient de donner à ces preuves des effets légaux : la procédure, en pareil cas, ne comporte d'ordinaire aucune écriture, et le tribunal se compose de juges populaires qui ne sauraient s'enfermer dans des règles étroites et savantes. Dans le système de l'inquisition, au contraire, système essentiellement propre aux gouvernements monarchiques, la permanence

des juges, le pouvoir donné au magistrat de rechercher d'office les crimes, tendraient nécessairement à
donner aux preuves des effets déterminés d'après leur
nature seule.

Les faits semblent donner raison à cette théorie.
A Athènes et à Rome, où les preuves n'étaient assu-
jetties à aucune règle obligatoire, on sait que l'accusation privée était l'âme de la procédure. D'un autre
côté, en France, à l'époque où les preuves légales ont
complétement envahi l'administration de la justice,
le système de l'accusation a disparu, en réalité,
bien qu'il ait survécu dans les mots. Toutefois, au
moyen âge, au berceau même du système des preuves
légales, quel était le caractère dominant de la procédure? L'accusation privée, fondée, comme on sait,
sur le droit d'obtenir la réparation du dommage qu'on
avait subi. L'accusé était directement traduit, sans
véritable instruction préalable, devant la juridiction
compétente. A part cette exception, le principe posé
par M. Mittermayer nous paraît exact, et nous allons
le voir confirmé, dans une certaine mesure, par les
dispositions mêmes de nos lois actuelles.

# DEUXIÈME PARTIE

Pour connaître dans son ensemble le caractère dés preuves en matière criminelle, il ne faut pas se borner à l'envisager au point de vue du jugement; il faut encore le considérer dans le cours de l'instruction qui le précède. La police judiciaire, qui s'exerce sous l'autorité des Cours impériales, « recherche, dit l'art. 8 du Code d'instruction criminelle, les crimes, les délits et les contraventions, en rassemble les preuves et en livre les auteurs aux tribunaux chargés de les punir. » La police judiciaire a donc, aussi bien que les tribunaux, quoique dans des conditions différentes, la mission de constater les infractions à la loi. Le même pouvoir appartient, en ce qui concerne les crimes, aux Cours impériales réunies en chambre des mises en accusation. Comment ce pouvoir sera-t-il exercé? Dans quels faits les officiers de police judiciaire ou les Cours impériales devront-ils reconnaître la preuve des crimes, des délits ou des contraventions dont ils sont, dans les limites de leur compétence respective, chargés de déférer les auteurs aux tribunaux? Pourront-ils rechercher et apprécier librement ces faits, ou devront-ils suivre dans leurs investigations et leur examen des règles déterminées ?

Une distinction importante doit être faite à cet égard. L'instruction d'une affaire peut se composer, en effet, de deux parties distinctes, dont l'une comprend les actes de procédure destinés à vérifier et à constater les faits qui viennent à la connaissance de la justice, l'autre, les décisions par lesquelles le juge ou les magistrats, chargés d'une partie de l'instruction, apprécient les preuves qui leur sont soumises et statuent sur la suite qu'il y a lieu de donner à l'affaire. Or, autant les actes de procédure sont, en général, déterminés avec soin par la loi et imposés strictement aux officiers de police judiciaire, d'après certains faits qui doivent constituer pour eux de véritables présomptions de culpabilité contre certains individus, autant l'appréciation des preuves ou indices résultant de ces actes de procédure est libre. Les recherches, les opérations qui ont pour but la manifestation de la vérité sont la conséquence forcée de certaines circonstances dans lesquelles le législateur a vu une charge contre celui qu'elles semblent incriminer; mais, une fois les recherches faites et les opérations exécutées, le magistrat ou la réunion de magistrats appelés à se prononcer sur la valeur des résultats de l'information, ont l'appréciation toujours libre, sinon toujours souveraine, des documents recueillis par l'instruction.

Je signalerai ici les principales applications de cette distinction.

S'agit-il de contraventions de simple police, l'art. 11 C. instr. crim. porte que les commissaires de police, et, dans les communes où il n'y en a point, les maires ou les adjoints recevront les rapports, dénonciations et plaintes relatifs à ces contraventions et consigneront dans les procès-verbaux qu'ils rédigeront à cet effet la nature et les circonstances des contraventions, ainsi que les preuves ou indices à la charge de ceux qui en seront présumés coupables. L'art. 15 ajoute que les maires ou adjoints remettront dans un certain délai à l'officier par qui sera rempli le ministère public près le tribunal de police, toutes les pièces et renseignements. Ainsi la dénonciation ou la plainte fussent-elles dénuées de preuves, pourvu qu'elles ne soient pas manifestement erronées ou vaines, l'officier à qui elles sont adressées est obligé de les consigner dans un procès-verbal, et de transmettre ce procès-verbal au ministère public.

Mais là s'arrête l'effet obligatoire de la dénonciation ou de la plainte. L'officier du ministère public, auquel le procès-verbal est transmis, n'est pas lié par ce document, et n'est pas toujours forcé de traduire devant le tribunal de simple police celui y est désigné comme coupable. Il examine la valeur du procès-verbal, et, s'il la trouve insuffisante pour motiver une citation, il ne délivre pas cette citation. Chargé de soutenir l'action publique, il ne le fait que lorsqu'il la trouve fondée. Sans doute, il manquerait à son devoir, s'il ne traduisait pas devant le juge un individu contre lequel un procès-verbal régulier aurait été dressé, mais il lui appartient d'apprécier si le procès-verbal qui lui est transmis est, en effet, régulier ou non.



2

La même distinction existe relativement aux pour-suites dirigées à l'occasion de délits ou de crimes. Le procureur impérial, instruit par une dénonciation, par une plainte ou par toute autre voie, qu'il a été commis dans son arrondissement un délit ou un crime, doit, aux termes de l'art. 47, requérir le juge d'instruction de procéder à l'information. Ici, comme pour les simples contraventions, la dénonciation ou la plainte met en mouvement la police judiciaire; l'art. 47 ajoute même à ces deux modes de révélation, tous ceux qu'il est possible de supposer en disant: « Par une dénonciation, par une plainte ou par toute autre voie. » Toutefois, il convient de remarquer que cette nécessité de la transmission au juge d'instruction n'est pas aussi absolue qu'elle paraît l'être d'après les dispositions de l'art. 47. Il est établi que, même au début de la procédure, le procureur impérial a le droit de peser, avant de leur donner suite, la valeur des renseignements qui lui font connaître un fait punissable. Il apprécie l'utilité et l'opportunité des poursuites, sauf aux plaignants à se porter parties civiles devant le juge d'instruction; et s'il pense qu'il n'y a pas lieu de poursuivre il arrête l'affaire à son début. (V. F. Hélie, t. II, p. 256 et suiv.) Mais, sauf cette exception, il doit, avec ses réquisitions, transmettre au juge d'instruction les documents qui lui sont parvenus. Cette obligation est imposée bien plus strictement encore à ses auxiliaires dans l'exercice de la police judiciaire. Les juges de paix, officiers de la gendarmerie et commissaires généraux de police doivent, en cas de dénon-

ciation d'un crime ou d'un délit, dresser des procès-
verbaux qu'ils transmettent au procureur impérial de
leur arrondissement (art. 48 et 53). C'est à ce sujet
que M. Jaquinot-Pampelune adressait à ses auxiliaires les instructions suivantes, dans lesquelles sont
énergiquement retracés les devoirs des officiers de
police : « Vous devez regarder l'obligation de les recevoir (les plaintes) comme une de celles qui sont
plus rigoureusement imposées. Hors le cas où très-
évidemment la dénonciation ou la plainte n'énonce-
rait aucun fait réputé par la loi crime, délit ou contravention, l'officier de police est tenu de la recevoir;
refuser serait un véritable déni de justice. S'il est
douteux que les faits articulés constituent une in-
fraction quelconque, c'est à la justice seule qu'il appartient de lever le doute. L'officier de police ne
peut donc refuser de recevoir la plainte ou la dénonciation sous le prétexte que le caractère du fait est
douteux : il le peut encore moins sous le prétexte
que la preuve serait impossible. » Enfin, le juge
d'instruction lui-même, en tant qu'officier de police
judiciaire, est également obligé, en général, d'agir en
vertu non plus d'une plainte ou d'une dénonciation
directement reçue, mais des réquisitions qui lui sont
adressées par le procureur impérial (art. 61). Ces réquisitions contiennent jusqu'à un certain point, pour
lui, une présomption de culpabilité contre celui qui
y est désigné.

Jusqu'ici je n'ai parlé que des poursuites ordinaires; mais il y a certaines circonstances que la loi a
considérées comme étant de nature à entraîner d'elles-

mêmes, contre certains individus, des conséquences particulièrement graves. Je veux parler du flagrant délit, auquel est assimilé le cas de réquisition de la part d'un chef de maison. « Le délit qui se commet actuellement, dit l'art. 41, ou qui vient de se commettre est un flagrant délit. Seront aussi réputés flagrant délit le cas où le prévenu est poursuivi par la clameur publique, et celui où le prévenu est trouvé saisi d'effets, armes, instruments ou papiers faisant présumer qu'il est auteur ou complice, pourvu que ce soit dans un temps voisin du délit. »

Ainsi certains faits prévus par la loi peuvent constituer contre un individu une présomption de culpabilité : La clameur publique s'attachant à un homme, et le poursuivant comme auteur d'un délit, la saisie d'armes, d'instruments ou de papiers suspects, dans un temps voisin d'un délit qui a été commis, c'en est assez pour faire présumer que cet homme est le coupable, et pour donner lieu à la procédure extraordinaire du flagrant délit. C'est bien là une présomption légale, attachée à certains faits déterminés, et produisant certaines conséquences inévitables. La procédure du flagrant délit, avec ses mesures de précaution sévères, repose tout entière sur cette présomption qu'un délit a été commis, et, lorsque le prévenu est saisi, qu'il est réellement l'auteur du délit. De là ces pouvoirs que la loi met entre les mains des procureurs impériaux, de leurs auxiliaires, ou du juge d'instruction. Interdire que qui que ce soit sorte de la maison ou s'éloigne du lieu où l'information s'opère jusqu'à la clôture du procès-verbal; saisir, déposer à la maison d'arrêt, faire juger immédiatement les contrevenants, saisir les armes et « tout ce qui paraîtra avoir servi ou avoir été destiné à commettre le crime ou le délit, ainsi que tout ce qui paraîtra en avoir été le produit, enfin tout ce qui pourra servir à la manifestation de la vérité et, s'il y a lieu, les papiers ou autres pièces qui se trouvent au domicile du prévenu; » tels sont les principaux actes de cette procédure. Lorsque le fait est de nature à entraîner une peine afflictive ou infamante, le pouvoir du magistrat va même jusqu'à lui permettre de faire saisir « les prévenus présents contre lesquels il existerait des indices graves. » Si le prévenu n'est pas présent, l'officier rendra une ordonnance de mandat d'amener à l'effet de le faire comparaître. « La dénonciation seule, ajoute l'art. 40, ne constitue pas une présomption suffisante pour décerner cette ordonnance contre un individu ayant domicile. » Donc, lorsque le prévenu n'est pas domicilié, la dénonciation est une présomption suffisante pour permettre de décerner contre lui un mandat d'amener.

Telles sont les conséquences qui découlent du flagrant délit. Il résulte de ces dispositions que la maxime qui consiste à dire que jusqu'au jugement l'inculpé est présumé innocent ne doit s'entendre qu'avec certains tempéraments. Il est bien certain que tant qu'un jugement définitif n'a pas déclaré la culpabilité d'un homme, ses concitoyens n'ont pas le droit de la supposer. Ce serait devancer la sentence de la justice. Mais ce principe reçoit une exception vis-à-vis des officiers de police judiciaire, pour eux ce n'est pas l'innocence qui est présumée, c'est la culpabilité. Et sans cette présomption auraient-ils le droit, si nécessaire cependant, de requérir, d'ordonner, d'exécuter des visites domiciliaires et des saisies, de placer et de maintenir sous la main de la force publique celui contre lequel l'instruction est dirigée?

Ne l'oublions pas d'ailleurs : soit dans le cas de flagrant délit, soit dans les circonstances ordinaires, les présomptions, si graves qu'elles soient, que je viens de rappeler, ne repoussent pas la preuve contraire. Il est même du devoir des officiers chargés de l'instruction de recueillir tout ce qui peut prouver l'innocence de l'inculpé, d'instruire, en un mot, à charge et à décharge. Ce principe, qui était déjà proclamé dans notre ancien droit à une époque où l'intérêt des inculpés ne rencontrait pas cependant autant de protection que de nos jours, résulte de plusieurs dispositions expresses du Code d'instruction criminelle. Aujourd'hui on doit rechercher non-seulement ce qui peut prouver la culpabilité, mais tout ce qui peut servir à la manifestation de la vérité. Cette recherche a lieu seulement sous la sauvegarde d'une présomption qui, sans qu'elle doive jamais entraîner la condamnation d'un innocent, est destinée à assurer, dans tous les cas, la punition des coupables.

Mais cette présomption elle-même n'existe qu'au regard des officiers de police judiciaire, et en tant qu'ils exercent cette fonction. Aussi, après avoir requis ou même accompli lui-même tous les actes d'instruction que les circonstances ont imposés, le procureur impérial peut-il et doit-il, lorsqu'il ne trouve pas en dernière analyse, dans l'état de l'affaire, la preuve de la culpabilité qui est recherchée, requérir une ordonnance de non-lieu. De même le juge d'instruction, qui est aussi un officier de police judiciaire et qui, en vertu de ces présomptions dont j'ai parlé, a dû informer sur les faits qui lui étaient déférés, reprend toute son indépendance, et peut apprécier, en pleine liberté et sauf les recours de droit, les preuves ou indices recueillis par l'instruction. Il les examine, les pèse, les discute en lui-même, et rend une ordonnance fondée sur l'opinion qu'il se forme de la gravité de ces charges. Il en est de même enfin de la chambre des mises en accusation, lorsque cette assemblée est appelée à vérifier les résultats d'une instruction et à prononcer sur la suite qu'ils comportent. Comme le juge d'instruction, elle n'est liée par aucun document, astreinte à aucun mode de preuve. La loi n'a pas indiqué quels seraient les preuves ou les indices qui devraient être recueillis contre l'inculpé, et n'a pas donné la mesure de la gravité qu'ils devraient présenter ; elle a confié cet examen à la seule raison du juge. D'ailleurs nous verrons bientôt que, quels que soient les effets des éléments de preuves recueillis sur le réquisitoire du ministère public, sur l'ordonnance du juge d'instruction ou sur l'arrêt de la chambre des mises en accusation, ces preuves n'ont, en général, aucune influence nécessaire sur la sentence définitive des juges.

C'est ainsi que la loi a su établir une sage distinc-

tion, relativement aux preuves de culpabilité, entre
les différentes phases de la procédure, et qu'elle a voulu
qu'alors que certains faits suffisaient pour motiver
et pour commander des poursuites, il ne dût être
statué, même provisoirement, sur la suite à donner à
ces poursuites, que d'après les raisons qui ressor-
tiraient des circonstances mêmes de chaque affaire,
et non d'après des règles absolues et irrévocables.
En garantissant les droits de tous, elle a assuré la
sécurité de chacun, et elle a pensé que ce serait mal
réparer le tort causé à la société que de faire dépendre de mesures inflexibles et par là même dan-
gereuses le sort d'un de ses membres. Après les actes
de précaution prescrits dans l'intérêt de la masse,
elle a placé les actes de justice ordonnés dans l'intérêt
de l'individu.

Que si maintenant nous revenons au système que
nous avons exposé plus haut, et dans lequel M. Mittermayer subordonne le caractère des preuves au système de procédure en vigueur dans chaque législation,
nous remarquons que, conformément à la théorie de
ce jurisconsulte, le système de l'instruction écrite et
secrète se rencontre dans nos lois avec l'existence de
certaines preuves légales. Cependant ce système n'a
pas produit chez nous tous les effets que, d'après le
savant écrivain, on aurait été en droit d'en attendre;
car c'est à peine si l'on peut donner le nom de preuves
légales à ces conséquences attribuées par la loi à
quelques faits et à quelques actes; et d'ailleurs,
même dans l'instruction, les magistrats sur lesquels elle repose principalement jouissent, dans l'exa-

men des preuves, d'une complète indépendance.

Mais il est temps de terminer ces remarques sur le caractère de la preuve dans le cours de l'instruction, et d'arriver aux débats de l'audience et à la sentence qui les termine.

# TROISIÈME PARTIE

## I

Ici les preuves se présentent sous une face nouvelle. Elles ne jouent plus seulement un rôle préparatoire, elles sont destinées à motiver la sentence du juge chargé d'appliquer la peine. L'instruction se demandait s'il y avait lieu de présumer que tel individu fût coupable. A l'audience, la question change; on se demande s'il y a lieu d'affirmer la culpabilité de tel individu. Dans le premier cas, on se contentait d'une probabilité; dans le second, il faut une certitude. Aussi la loi, qui recommande aux officiers de police judiciaire de recueillir même les simples indices qui pourraient exister contre l'auteur supposé d'un délit, n'a-t-elle employé que le mot de preuves lorsqu'elle s'est adressée aux juges. L'objet de la preuve dans cette seconde partie de la procédure est donc bien différent de celui auquel elle tend dans la première. En est-il de même de son caractère? Certains faits, certaines circonstances acquises au procès entraînent-elles nécessairement une déclaration de culpabilité contre l'accusé ou le prévenu? Les parties appelées à débattre ces arguments, les juges qui ont la mission de les vérifier

en ont-ils la libre appréciation ? Examinons d'abord
ce qu'il en est des parties. Je comprends sous ce nom,
d'une part, le ministère public, ou la partie publique,
et le représentant de la partie civile, dans le cas où
elle se présente ; de l'autre, le défenseur de la partie
accusée ou prévenue, et je me demande si le réquisitoire ou les plaidoiries sont soumises à certaines in-
fluences nécessaires, à certaines exigences légales, ou
s'ils ont, en face des éléments de la cause, une complète indépendance.

Le ministère public, que nous venons de voir forcé
d'agir en vertu d'une dénonciation, d'une plainte ou
de toute autre révélation d'un crime ou d'un délit,
peut-il être également forcé de conclure à l'application de la peine en vertu de tel moyen de preuve
déterminé par la loi ? Non, assurément : s'il n'est pas,
dans tous les cas, libre d'apprécier l'opportunité des
poursuites, il reprend toute son indépendance quand
il s'agit de conclure. Sans doute la partie publique est,
par sa mission même, l'appui naturel de l'accusation
ou de la prévention ; mais il lui appartient de vérifier
si cette accusation ou cette prévention sont bien ou
mal établies. Se considérer comme forcé de soutenir
la culpabilité qui est en question, alors même qu'on
ne la croit point certaine, ce serait s'exposer, surtout
devant un jury, à amener des condamnations qui ne
seraient dues peut-être qu'à la confiance des juges
dans une conviction dont l'organe du ministère public
leur paraîtrait, à tort, pénétré ; ce serait, de plus,
enlever à la fonction de ce ministère la meilleure
part de sa noblesse et de sa grandeur.

Les mêmes dangers et les mêmes inconvénients pourraient être à craindre de la part du représentant de la partie civile, s'il pensait que sa mission l'oblige à trouver, quand même, dans les éléments de la cause, la preuve de la culpabilité qu'il a besoin d'établir pour arriver aux fins de sa demande. Les mêmes dangers, dis-je, car lui aussi peut exercer sur l'esprit des juges une influence considérable. On conserve au palais le souvenir de cet avocat célèbre qui, préludant, pour ainsi dire, comme on l'a remarqué, aux éminentes fonctions qu'il devait plus tard occuper dans le ministère public, arrachait à un coupable, pour la victime duquel il plaidait, l'aveu de son crime, et le forçait par son éloquence à tomber à genoux devant lui en lui demandant grâce. Ainsi exercé, le rôle de la partie civile est un précieux secours apporté à l'œuvre de la justice. Mais cet exemple fait comprendre en même temps combien le représentant de la personne lésée doit apporter à l'accomplissement de sa tâche de scrupules et de réflexion; combien, s'il ne cherche pas dans un intérêt aveugle pour son client à obtenir gain de cause à tout prix, il doit sévèrement peser les charges qu'il prétend faire valoir. Pas plus que le ministère public, il ne peut se croire dispensé par sa situation d'une conviction sérieuse. Quant aux inconvénients qui résulteraient vis-à-vis de l'avocat lui-même d'une coupable indifférence pour la vérité, ce serait d'abaisser, lui aussi, la dignité de sa profession, qui doit, avant tout, être désintéressée.

Il serait à désirer que la même sévérité de principes s'imposât toujours au défenseur de la partie accusée ou prévenue. La justice y gagnerait, peut-être aussi la défense elle-même. Mais l'intérêt de l'humanité admet en faveur de l'accusé ou du prévenu quelques priviléges. On conçoit que le défenseur soit porté à envisager les choses sous un jour favorable à celui qu'il représente. S'il n'altère aucun fait, on ne saurait le blâmer beaucoup de donner à ceux qu'il retrace des couleurs habilement disposées. Il lui est permis, sans doute, de consulter l'intérêt de son client plutôt que son impression personnelle. Cependant, il ne conviendrait en aucun cas, et il serait même contraire aux devoirs de l'avocat que la loi a sanctionnés en un point important (C. instr. crim., art. 311), d'abuser de cette liberté pour jeter dans l'esprit des juges des doutes que rien ne justifierait, pour surprendre, à l'aide d'une éloquence artificieuse, leur raison et leur bon sens, et pour arracher à leur trouble une sentence qui sauverait un coupable indigne de tout intérêt. La liberté de la défense a ses droits, elle a ses limites; et ces abus de la parole trop célèbres à Rome et à Athènes, et que nous avons rappelés plus haut, ne seraient aujourd'hui ni dans nos mœurs ni dans nos goûts.

Quoi qu'il en soit, sous cette réserve et sous celles qui résultent de certaines dispositions que nous signalerons en parlant du jugement, il nous semble vrai de dire que dans les débats de l'audience aucune règle, si ce n'est celle qu'inspire la conscience, n'est imposée par la loi dans l'appréciation des preuves, soit au magistrat du ministère public, soit aux avocats des parties. Il reste à savoir s'il en est de même des juges.

## II

Cette question, la plus importante de celles qui se rattachent au sujet qui nous occupe, doit être envisagée d'abord en matière de grand criminel.

Le système des preuves légales était, nous l'avons constaté, incompatible avec le jury, et devait disparaître, au moment de la création de cette institution, des matières de grand criminel. Aussi, la loi des 16 et 29 septembre 1791 a-t-elle, pour la première fois, consacré en France le système de la preuve morale.

Cette grave modification n'avait pas été conquise sans obstacle. La question avait été posée en ces mots à l'Assemblée constituante par M. Prugnon, dans la séance du 26 décembre 1790 : « Suffit-il que les jurés croient l'accusé coupable ou faut-il que le crime soit prouvé ? » En d'autres termes, les preuves recueillies par l'instruction doivent-elles exercer sur le jury une influence obligatoire ; ou bien le jury est-il libre de fonder sa décision sur les raisons qu'il jugera convenables ? Pour sa part, M. Prugnon demandait le maintien des dépositions écrites de l'instruction comme base de la condamnation. Dans une des séances suivantes, Robespierre voulait qu'on réunît « et la confiance qui est due aux preuves légales, et celle que mérite la conviction intime du juge. » Il proposait l'amendement suivant : « Les dépositions seront rédigées par écrit. L'accusé ne pourra être déclaré convaincu toutes les fois que les preuves déterminées par la loi n'existeront pas. L'accusé ne pourra être condamné sur les preuves légales, si elles sont contraires à la connaissance et à la conviction intime des juges. » Dans ce système, les preuves légales devaient être nécessaires, mais non suffisantes, à défaut de la preuve morale, pour motiver une condamnation. A la suite de discussions animées, dans lesquelles MM. Dupont, Tronchet, Thouret prirent une part active, un projet portant la suppression de toute preuve écrite devant le jury fut adopté dans la séance du 18 janvier 1791. C'est ce principe qui a été formulé par la loi du 16 septembre 1791. L'instruction du 29 septembre de la même année a donné pour ainsi dire le commentaire et expliqué les conséquences de cette loi. « Les déclarations de l'instruction, dit-elle, ne sont pas destinées à faire charge au procès : leur principal objet est de corroborer la plainte; le plus grand inconvénient serait qu'on pût les considérer comme le dépôt des vraies charges du procès, et y chercher la vérité de préférence à ce qui doit résulter des dépositions orales, de l'examen et des débats. » Le Code de procédure du 3 brumaire an IV reproduisit de nouveau ce grand principe dans les termes les plus explicites.

Ces termes, notre Code d'instruction criminelle les a presque textuellement reproduits; mais en les fortifiant encore. En effet, le Code de l'an IV paraissait ne pas écarter entièrement les documents recueillis par l'instruction préalable : « Les jurés, disait l'article 372, doivent examiner l'acte d'accusation, les procès-verbaux et toutes les autres pièces du procès, à l'exception des dépositions écrites des témoins, des notes écrites des interrogatoires subis par l'accusé devant l'officier de police, le directeur du jury et le président du Tribunal criminel. C'est sur ces bases, et particulièrement sur les dépositions et les débats qui ont eu lieu en leur présence, qu'ils doivent asseoir leur conviction personnelle... » Ainsi la conviction personnelle était bien déjà la base du verdict, mais cette conviction, d'après le vœu de la loi, devait se fonder sur certains moyens de preuve spécifiés. Notre Code est allé plus loin. Il veut (art. 341) que le président remette aux jurés, avec les questions qui leur sont posées, toutes les pièces autres que les déclarations écrites des témoins, mais il ne désigne aucune de ces pièces comme devant guider leur décision, aucune déclaration comme devant faire foi devant eux.

Il faut ici rappeler ces textes, pleins d'une si simple et si grande éloquence, dans lesquels la loi trace aux jurés les devoirs que leur mission leur impose :

« Vous jurez et promettez devant Dieu et devant les hommes d'examiner , avec l'attention la plus scrupuleuse, les charges qui seront portées contre l'accusé, de ne trahir ni les intérêts de l'accusé, ni ceux de la société qui l'accuse ; de ne communiquer avec personne jusqu'après votre déclaration ; de n'écouter ni la haine, ni la méchanceté, ni la crainte ni l'affection ; de vous décider d'après les charges ou les moyens de défense, suivant votre conscience et votre intime conviction, avec l'impartialité et la fermeté qui conviennent à un homme probe et libre. » (Art. 312.)

Et plus loin, lorsque arrive le moment de délibérer et de juger :

« La loi ne demande pas compte aux jurés des moyens par lesquels ils se sont convaincus : elle ne leur prescrit point de règles desquelles ils doivent faire particulièrement dépendre la plénitude et la suffisance d'une preuve ; elle leur prescrit de s'interroger eux-mêmes dans le silence et le recueillement, et de chercher dans la sincérité de leur conscience quelle impression ont faite sur leur raison les preuves rapportées contre l'accusé et les moyens de la défense. La loi ne leur dit point : Vous tiendrez pour vrai tout fait attesté par tel ou tel nombre de témoins ; elle ne leur dit pas non plus : Vous ne regarderez pas comme suffisamment établie toute preuve qui ne sera pas formée de tel procès-verbal, de telles pièces, de tant de témoins ou de tant d'indices ; elle ne leur fait que cette seule question, qui renferme toute la mesure de leurs devoirs : Avez-vous une intime conviction ? » (Art. 342.)

Il semble que dans ces admirables paroles, auxquelles on ne saurait rien ajouter, la loi ait eu pour but de flétrir et de condamner les deux systèmes de preuves si différents par leur nature, si semblables par leurs abus, qui ont fait tour à tour, nous l'avons vu, le vice de la procédure dans l'antiquité et dans notre ancien droit, l'excès de la liberté et l'excès de la servitude ; qu'elle ait voulu, tout en dégageant le juge des entraves des preuves légales qui avaient si long temps enchaîné sa raison, le prémunir contre les mauvais conseils de la passion et les inspirations perverses de l'intérêt personnel, qui égaraient si souvent la jus-

3

tice des anciens. Quoi qu'il en soit, les conséquences du principe nouveau sont graves.

La première, c'est que les documents recueillis par l'instruction ne sont plus que de simples renseignements qui peuvent être, selon l'opinion du juge, maintenus ou rejetés de la cause. Cela est si vrai, qu'il n'y a pas faux témoignage lorsqu'un témoin contredit à l'audience les déclarations qu'il a faites dans l'instruction, pourvu que les nouvelles déclarations qu'il fait ne soient pas contraires à la vérité. Ainsi, toute la procédure préalable tombe devant la publicité de l'audience. L'instruction qui se fait à l'audience même et les débats ne lient pas davantage le juge.

Dans notre ancien droit, c'était un point fort controversé de savoir si une condamnation pouvait reposer seulement sur une preuve écrite. L'ordonnance de 1670 (art. 5, tit. 25), portait bien que s'il y avait preuve par les interrogatoires et par pièces authentiques ou reconnues par l'accusé, le procès pouvait être jugé sans autre information, mais cette règle ne s'appliquait qu'aux cas où le crime était renfermé dans l'écrit ou pouvait en résulter. Aujourd'hui l'art. 342 tranche la question : il n'est plus nécessaire de produire une preuve écrite du crime, la conviction pouvant naître de tout autre moyen de preuve. Autrefois il fallait pour que l'aveu fût probant : 1° que le corps du délit fût constaté ; 2° qu'il existât au moins des indices à l'appui de l'aveu ; 3° que l'aveu fût produit dans la cause même et à son occasion ; 4° qu'il fût fait devant le juge ; 5° qu'il fût précis et catégorique ; 6° qu'il fût uniforme et persistant ;

7° enfin qu'il fût libre, volontaire et fait en pleine connaissance de cause. Aujourd'hui l'aveu n'est plus une preuve légale, et quelles que soient les circonstances qui l'accompagnent, il n'est pris en considération par le juge que selon la valeur qu'il paraît avoir en lui-même. Des arrêts de la Cour de cassation des 17 février 1837, 29 juin 1848 et 29 novembre 1851 ont spécialement établi ce point, qui résulte d'ailleurs du principe posé par l'art. 342. Il en est de même des dépositions des témoins qui, dans l'ancienne législation, étaient soumises aux conditions les plus compliquées de nombre, d'idonéité. Ces conditions sont bien réduites aujourd'hui. La sincérité même du témoignage est presque la seule que le juge ait à vérifier. En un mot, la loi ne fait aux jurés que cette seule question qui renferme toute la mesure de leurs devoirs : « Avez-vous une intime conviction? »

La conviction, telle est, en dernière analyse, la raison qui doit déterminer le verdict du jury. En pourrait-on trouver une plus légitime? Y a-t-il d'autre juge de la vérité que l'esprit de l'homme? La vérité n'est pas dans les objets extérieurs ; elle est dans le rapport de notre intelligence avec ces objets : elle existe en nous, et non hors de nous. Mais l'erreur y habite souvent avec elle ; à quel caractère la distinguerons-nous donc de l'erreur? Ici encore la loi est d'accord avec le bon sens, et prend la même pierre de touche que la logique : elle affirme que la marque de la vérité est la conviction intime.

Je voudrais que les citoyens appelés à la tâche difficile de juger leurs semblables comprissent bien, sur

ce point, la gravité de leur tâche. Un peu de philoso-
phie ne serait pas inutile pour les édifier à cet égard.
Ce mot d'intime conviction, qui résume tous leurs
devoirs, a besoin d'être défini. La loi ne demande pas
compte aux jurés des moyens sur lesquels ils fondent
leur conviction, rien de mieux ; mais la raison, mais
la conscience leur en demandent compte. La conviction
peut être instinctive ou raisonnée. Il faut se méfier de
celle qui n'est qu'instinctive : « L'erreur, a dit Male-
branche, ne consiste que dans un consentement pré-
cipité de la volonté qui se laisse éblouir à quelque
fausse lueur, et qui, au lieu de conserver sa liberté autant qu'elle le peut, se repose avec négligence dans la
recherche de la vérité. » (*Méth.*, ch. 2.) En effet, on
prend quelquefois pour l'inspiration du bon sens ce
qui n'en a que l'apparence. Ceux qui ont quelque expérience du jury l'ont bien remarqué : on voit par-
fois un juré, sur l'audition d'une déposition ou d'un
document dont il n'a pas encore eu le temps de vérifier l'exactitude, faire un geste qui signifie clairement
que, selon lui, cette preuve n'admet pas de réplique:
Suspendre son jugement, douter à propos, c'est une
précaution que bien peu savent prendre. Je ne saurais
mieux faire que de rappeler ici quelques paroles d'un
jurisconsulte dont l'opinion en ces matières a tant
d'autorité, de M. Faustin Hélie : « Ce sont, dit-il, ces
vraisemblances qui prennent la place du vrai, ces simples perceptions qui ne représentent à l'esprit que les
choses et non leurs rapports, toutes ces raisons imparfaites et confuses qui n'expliquent un fait qu'à
demi, qu'il faut débattre avec la plus ferme attention

et faire passer au creuset de l'examen le plus sérieux. La certitude judiciaire ne doit pas précéder la
discussion, elle ne doit que la suivre. » M. Faustin
Hélie cite à l'appui de ces paroles. ces lignes où l'on
reconnaît, sans qu'il soit besoin d'en nommer l'auteur, la verve ironique de Voltaire : « Il n'y a nulle
certitude dès qu'il est physiquement ou moralement
possible que la chose soit autrement. Quoi! il faut une
démonstration pour assurer que la surface d'une sphère
est égale à quatre fois l'aire de son plus grand cercle, et
il n'en faudra pas pour arracher la vie à un citoyen
par un supplice affreux! » Il faut donc examiner et
épuiser une à une toutes les hypothèses qui peuven
expliquer un fait, et ne s'arrêter à celle d'où doit résulter une condamnation que lorsqu'aucune autre ne
peut être accueillie avec raison.

Cependant, en voulant éviter la témérité dans les
jugements, il ne faudrait pas tomber dans une scrupuleuse faiblesse : le premier de ces excès atteindrait
l'accusé, le second la société même. « Que si, dit
M. Mittermayer, la législation se refusait systémati-
quement à admettre la certitude toutes les fois qu'une
hypothèse contraire demeurerait imaginable. on ver-
rait aussitôt les plus grands coupables impunis et par
suite l'anarchie fatalement introduite dans la société. »
Il ne faut donc pas se laisser arrêter par des obstacles
imaginaires, et par des doutes sans motifs; mais juger
avec confiance d'après les lois qui régissent la nature morale et la nature physique, lois auxquelles on
ne doit pas supposer, sans motif sérieux, une déro-
gation. C'est ce que déclare formellement l'ordon-

nance criminelle de Prusse (§ 393) en disant : « Le juge a une certitude suffisante quand il existe des motifs pleinement convaincants de la vérité du fait et quand, d'après le cours ordinaire des choses, il serait difficile d'imaginer un motif grave du contraire. » C'est aussi ce que comprenait l'Empereur Napoléon, et ce qu'il exprimait dans des paroles, prononcées au sien du Conseil d'État, et dans lesquelles il admettait la probabilité comme une base suffisante des jugements.

D'ailleurs, selon certains esprits, il est impossible d'exiger de l'homme des motifs plus rigoureux de décision. Telle est, selon eux, la condition de la nature humaine que souvent notre plus profonde conviction n'est en réalité qu'une présomption déguisée; notre certitude, une probabilité. Nous croyons, parce que nous sommes forcés de croire à quelque chose, mais le point d'appui manque souvent à notre foi. C'était la théorie de Pascal; c'était aussi celle de Beccaria. « Que l'on ne s'étonne point, disait ce dernier, de me voir employer le mot de probabilité, en parlant de crimes qui, pour mériter un châtiment, doivent être certains; car, à la rigueur, toute certitude morale n'est qu'une probabilité, qui mérite cependant d'être considérée comme une certitude lorsque tout homme d'un sens droit est forcé d'y donner son assentiment, par une sorte d'habitude naturelle qui est la suite de la nécessité d'agir, et qui est antérieure à toute spéculation. » Enfin, à cette fine analyse des éléments de la certitude on peut ajouter l'opinion de d'Aguesseau lui-même : « La plupart des vérités qui sont la matière des questions de fait, disait ce grand magistrat, ne sont pas des vérités naturelles et immuables, mais des vérités arbitraires, dépendant de l'inconstance de la volonté des hommes ; et, comme elles sont incertaines par leur nature, les preuves sur lesquelles elles sont fondées ne peuvent jamais avoir ce caractère de fermeté et d'évidence capable de produire une conviction entière et de former une démonstration parfaite. » (T. 2, p. 538, 23° plaidoirie.) Au surplus, cette faiblesse qui s'attache à nos jugements ne saurait en aucun cas servir d'excuse à une sorte de laisser-aller, à je ne sais quelle indifférence sceptique qui envelopperait dans un doute commun ce qui nous apparaît comme la vérité et ce qui nous semble l'erreur. Les règles pour la recherche de la vérité peuvent n'être pas à l'abri de la critique, mais elles sont encore précieuses, et les rejeter de parti pris ce serait volontairement s'aveugler.

Mais ce que les jurés devraient du moins s'interdire, ce sont ces verdicts par lesquels ils déclarent innocent un accusé qu'eux-mêmes estiment coupable, mais sur lequel des circonstances, étrangères aux faits mêmes qui font l'objet de l'accusation, semblent appeler l'indulgence et le pardon. Le jury, dont les pouvoirs sont si étendus, n'a pas celui de faire grâce. L'omnipotence qu'on lui attribue ne va pas jusqu'à lui permettre d'arracher un coupable au châtiment qui l'attend. « Ce qu'il est bien essentiel de ne pas perdre de vue, dit encore l'art. 342, du Code d'instruction criminelle, c'est que toute la délibération du jury porte sur l'acte d'accusation : c'est aux faits qui le constituent et qui en dépendent qu'ils doivent uniquement s'attacher, et ils manquent à leur premier devoir, lorsque, pensant aux dispositions des lois pénales, ils considèrent les suites que pourra avoir, par rapport à l'accusé, la déclaration qu'ils ont à faire. Leur mission n'a pas pour objet la poursuite ni la punition des délits; ils ne sont appelés que pour décider si l'accusé est ou non coupable du crime qu'on lui impute. » Telles sont les limites des prérogatives du jury; il ne saurait les enfreindre, et si, dans quelques circonstances fort rares, il est difficile de regretter vivement les excès de pouvoir que l'intérêt de l'humanité le porte à commettre, il n'en est pas moins vrai qu'en principe il doit s'en abstenir avec soin, et qu'il est digne de reproche lorsqu'il abuse du caractère souverain de ses décisions pour usurper un privilége que lui refuse la loi.

Telles sont les principales conséquences du système de la preuve morale en matière de grand criminel. Quels qu'en puissent être les dangers, ils sont de beaucoup surpassés par les avantages; et la liberté absolue d'appréciation, l'appel direct à la conviction intime du juge, nous semblent d'admirables dispositions de la législation qui nous régit.

## III

Descendons maintenant de la Cour d'assises aux degrés inférieurs de juridiction et examinons la nature des preuves sur lesquelles doivent s'appuyer les jugements des affaires de police correctionnelle et de simple police. Les art. 189 et 211 C. instr. crim. renvoient pour les règles relatives aux preuves des délits, soit en première instance, soit en appel, aux principes contenus dans les art. 154, 171 et 176 du même Code, qui déterminent comment les contraventions seront prouvées devant le juge de paix ou le maire, ou devant le Tribunal correctionnel statuant sur l'appel d'un jugement de simple police. C'est donc à ces principes qu'il faut nous reporter pour connaître à la fois les moyens de preuve en matière de délits et en matière de contraventions.

Or l'art. 154 est ainsi conçu : « Les contraventions seront prouvées, soit par procès-verbaux ou rapports, soit par témoins à défaut de rapports et procès-verbaux, ou à leur appui. Nul ne sera admis, à peine de nullité, à faire preuve par témoins outre ni contre le contenu aux procès-verbaux ou rapports des officiers de police ayant reçu de la loi le pouvoir de constater les délits ou les contraventions jusqu'à inscription de faux. Quant aux procès-verbaux et rapports faits par des agents, préposés ou officiers auxquels la loi n'a pas accordé le droit d'en être crus jusqu'à inscription de faux, ils peuvent être débattus par des preuves contraires, soit écrites, soit testimoniales, si le Tribunal juge à propos de les admettre. »

On voit, tout d'abord, combien les dispositions de cet article diffèrent profondément de celles de l'article 342 sur la preuve des crimes. Ici la loi ne semble plus s'adresser, comme elle le fait pour le jury, à la conscience, à l'intime conviction du juge : elle pose certaines règles à suivre, certaines conditions à exiger. Les délits et les contraventions seront prouvés d'abord par les procès-verbaux ou les rapports, en second lieu, s'il n'y a ni rapports ni procès-verbaux, ou pour appuyer ces documents, par les dépositions des témoins.

Et d'abord les procès-verbaux. Ils se divisent en deux catégories.

Certains agents ont reçu de la loi le pouvoir de dresser des procès-verbaux qui sont crus jusqu'à inscription de faux. Tels sont les agents des contributions indirectes, des douanes, les gardes forestiers. Le motif de cette autorité accordée à des employés subalternes est fondé sur de graves raisons. Les délits et les contraventions qu'ils ont pour mission de rechercher sont d'une nature spéciale. « Ceux qui les commettent, dit M. Bonnier, et qui en font quelquefois leur profession recherchent la solitude et souvent les ténèbres de la nuit. » Il était donc nécessaire d'employer des mesures exceptionnelles pour constater ces infractions. Cette pratique était ancienne dans notre pays. « Il convient, disait une ordonnance de 1402 sur les forêts, que les sergents quièrent les malfaiteurs, le plus coyement qu'il pèvent, et s'ils allaient querre tesmoings les malfaiteurs s'en pourraient aller avant qu'ils revinssent, ni ne pèvent pas toujours mener tesmoings pour tesmoigner leurs prinses. » Au surplus l'opportunité des pouvoirs mis à la disposition de ces agents est prouvée par la statistique, qui atteste que pendant que les délits communs se multiplient de jour en jour, les délits spéciaux diminuent dans une notable proportion. Les rapports ou les procès-verbaux de ces agents sont donc crus jusqu'à inscription

de faux, et pour les attaquer il faut suivre la longue
et difficile procédure imposée en pareille matière.
Il faut remarquer d'ailleurs que les procès-verbaux
qui font foi jusqu'à inscription de faux n'ont cette autorité que quant aux faits matériels qui y sont relatés.
« Vous sentirez, disait avec raison M. Favard de Lan-
glade sur l'art. 176 du Code forestier, combien il serait dangereux d'admettre que des énonciations relatives à des injures, à des violences ou à toute autre
circonstance (d'un délit commun), pûssent interdire
au prévenu la faculté d'administrer la preuve contraire. » C'est donc sous cette réserve prudente
qu'on doit entendre la foi qui s'attache aux procès-
verbaux dont nous parlons.

Quant à ceux qui ne sont pas crus jusqu'à inscription de faux, ils n'en ont pas moins une valeur et des
effets importants encore. L'art. 154 C. inst. crim·
déclare qu'ils « peuvent être débattus par des
preuves contraires, soit écrites, soit testimoniales, si
le Tribunal juge à propos de les admettre. » Donc,
jusqu'à preuve contraire, ils font foi des faits qui y
sont rapportés.

Ces mots : « preuves écrites ou testimoniales » sont-
ils limitatifs ou énonciatifs ? doivent-ils exclure tout
moyen de preuve qui ne serait pas tiré soit d'un procès-
verbal ou d'un rapport d'agent, soit d'une déposition
de témoins? M. Bonnier pense, avec raison, selon
nous, qu'ils sont restrictifs, et qu'on ne serait pas
reçu à combattre un procès-verbal par de simples
présomptions, par des renseignements ou des cer-
tificats. On admet cependant comme « preuves con-

traires, » aux termes de l'art. 154, les rapports d'experts assermentés, et les visites de lieux régulièrement opérées par les juges, tous documents qui, d'ailleurs, sont, en réalité, des témoignages, si l'on prend ce mot dans son sens le plus large. Il convient de remarquer ici qu'un Tribunal ne peut pas puiser ses motifs de décision en dehors des éléments mêmes de la cause. C'est par l'instruction et les débats, et non par sa connaissance personnelle de l'affaire qu'il doit, ainsi que l'a décidé un arrêt de la Cour de cassation, éclairer sa religion.

L'art. 154, après avoir parlé des preuves par lesquelles on pourra combattre les procès-verbaux, ajoute cette restriction : « si le Tribunal juge à propos de les admettre. » Il ne faudrait pas conclure de ces mots que les magistrats aient, en général, le droit de rejeter ou d'accueillir, à leur gré, la production de la preuve contraire. L'admission à la preuve est le droit commun de la défense, et le juge lui-même peut la provoquer. Mais lorsque les faits que le prévenu demande à prouver sont étrangers à la cause et réellement frustratoires, il est établi que le magistrat peut et doit, en motivant son refus, rejeter cette demande, qui tendrait à introduire d'inutiles lenteurs dans l'administration de la justice.

Quand il n'y a dans la cause de procès-verbaux ou de rapports d'aucune espèce, les faits sont prouvés par témoins ; tel est le principe général. Cependant cette preuve n'est pas toujours admise, et il faut quelquefois recourir à la preuve par écrit. C'est ainsi qu'en matière de contributions indirectes, de douanes, de garanties des ouvrages d'or et d'argent, et de vérification des poids et mesures, la contravention ne peut être prouvée que par le procès-verbal, et si ce document est nul ou n'existe pas il ne peut y être suppléé par aucune autre preuve. « L'importation des marchandises, dit à ce propos M. Bonnier, la circulation des denrées en contravention aux lois fiscales sont des faits tellement fugitifs qu'on a senti le besoin de n'autoriser la poursuite en pareil cas qu'autant qu'il y a procès-verbal régulier. » On n'admet donc pas alors la preuve par témoins pour motiver une condamnation, on ne la reçoit que pour permettre, s'il y a lieu, de prononcer la confiscation des objets saisis. Mais cette règle de la nécessité d'un procès-verbal comme base de la poursuite ne s'applique ni aux matières de police rurale, ni aux matières forestières et de pêche fluviale, dans lesquelles la preuve testimoniale peut remplacer la preuve par écrit.

De même, lorsque l'existence du délit se lie à l'existence d'une convention civile, par exemple, d'un mandat ou d'un dépôt, la preuve de cette convention doit être faite conformément aux règles prescrites par le Code Napoléon. Si la valeur de l'objet confié à titre de mandat ou de dépôt dépasse 150 fr., la preuve testimoniale n'est point admise, à moins qu'il n'existe un commencement de preuve par écrit ou qu'il n'ait pas été possible au créancier de se procurer une preuve littérale de l'obligation contractée envers lui. S'il en était autrement, le respect et la stabilité des conventions seraient bientôt compromis, et pour éluder les sages dispositions de la loi civile il suffirait de pren-

dre contre ses débiteurs la voie de l'action criminelle.
Ce point, déjà établi dans notre ancien droit, est confirmé par la jurisprudence de notre époque. La nature
des preuves ne peut changer qu'à raison de leur objet
et non à raison de la juridiction devant laquelle elles
sont produites.

Enfin l'art. 338 du Code pénal déclare que les seules
preuves qui pourront être admises contre le prévenu de
complicité d'adultère seront, outre le flagrant délit,
celles résultant de lettres ou autres pièces écrites par le
prévenu. C'est encore une exception au principe de l'admissibilité de la preuve testimoniale. Mais elle est bien
justifiée par le caractère du délit auquel elle s'applique : « Il est important, disait à cet égard l'orateur
du Corps législatif, de fixer la nature des preuves qui
pourront être admises pour établir une complicité que
la malignité se plaît trop souvent à chercher dans des
indices frivoles, des conjectures hasardées ou des
rapprochements fortuits. Après les preuves de flagrant délit, de toutes les moins équivoques, les Tribunaux ne peuvent admettre que celles qui résulteraient
des lettres ou autres pièces écrites par le prévenu.
C'est dans ces lettres, en effet, que le séducteur dé-
voile sa passion et laisse échapper son secret. » Il a
été jugé cependant qu'on pouvait assimiler à ces lettres
l'aveu du prévenu devant le juge d'instruction ou à
l'audience.

Telles sont les premières règles que le législateur
a tracées pour la preuve des délits et des contraventions. Autorité absolue accordée à certains procès-
verbaux, autorité relative attribuée à certains autres,

admission de la preuve testimoniale dans la majorité des cas, nécessité de la preuve par écrit dans quelques circonstances, ne sont-ce pas là des traces d'un retour au système des preuves légales? Il semble que la loi elle-même nous autorise à le penser, en disant dans l'art. 178 C. for. : « Les procès-verbaux qui ne font point foi et preuve suffisante jusqu'à inscription de faux, peuvent être corroborés et combattus par toutes les *preuves légales*, conformément à l'art. 154 C. instr. crim. » D'après ce texte, les preuves soit écrites, soit testimoniales, que la loi autorise contre les procès-verbaux ou rapports qui ne font pas foi jusqu'à inscription de faux seraient des preuves légales, par conséquent aussi celles qui sont admises à défaut ou à l'appui des procès-verbaux, à plus forte raison les procès-verbaux eux-mêmes. Il nous faut cependant rechercher quelle est, en définitive, la portée de ce système de preuve, et si, en présence de ces dispositions, il ne reste aux Tribunaux aucune liberté d'appréciation.

## IV

S'il en était ainsi, ne pourrait-on pas reprocher à nos lois une étrange contradiction? Après avoir laissé aux juges une pleine indépendance dans la constatation des crimes, ne serait-il pas singulier qu'on leur eût imposé des règles inflexibles quand il s'agit seulement de délits et de contraventions ; qu'on eût pris, pour l'appréciation de faits relativement peu importants, des précautions beaucoup plus sévères que celles que l'on prenait pour l'examen des faits les plus graves?

Cette anomalie ne serait pas d'ailleurs suffisamment expliquée par la différence des juridictions appelées à juger ces différents actes; car s'il est vrai que devant un jury le seul mode de preuve applicable soit la conviction intime du juge, rien ne s'opposait à ce qu'on introduisît aussi, en principe, ce mode de preuve devant les juridictions inférieures. En admettant, ce qui est exact, que les jurés n'eussent pas pu se conformer, comme les magistrats, des règles savantes et multipliées, qui empêchait permettre aux magistrats, comme aux jurés, de s'en rapporter à leur seule conviction? De cette manière on eût, pour le caractère des preuves, rétabli l'harmonie entre les différents degrés de juridiction.

Mais cette contradiction est plus apparente que réelle. Les règles posées par l'art. 154 C. inst. crim. sur les formalités des preuves, sur l'autorité des procès-verbaux, sur l'admissibilité des preuves contraires, ne sont pas le principe, mais l'exception. Il ne faut pas se laisser tromper par la rédaction de cet article qui semble poser les règles ordinaires sur les preuves : il ne formule, en définitive, que des cas spéciaux. Rarement trouve-t-on en matière de délits et de contraventions des procès-verbaux faisant foi jusqu'à inscription de faux. Ceux mêmes qui ne font foi que jusqu'à preuve contraire ne sont pas invoqués dans toute cause. Or, dans celles où il n'y a point de procès-verbaux, les juges reprennent toute leur liberté; ils remplissent alors, on peut le dire, les fonctions de jurés.

La jurisprudence à cet égard est fixée par le nombre d'arrêts le plus imposant. Nous n'en citerons que quelques-uns.

La Cour de cassation, par un arrêt du 13 novembre 1834, s'exprime ainsi : « Lorsque des faits constitutifs des contraventions et des délits dont ils sont saisis ne se trouvent pas légalement établis par des procès-verbaux, les juges de simple police et ceux de police correctionnelle remplissent dans la constatation et l'appréciation de ces faits les fonctions de jurés, et doivent uniquement, de même que ces derniers, se conformer aux instructions contenues dans l'art. 342... Il suffit dès lors que les juges soient *convaincus* de l'existence de la contravention ou du délit poursuivis, et de la culpabilité de l'individu qui en est inculpé, pour que l'une et l'autre soient reconnues constantes et entraînent l'application légale de la peine prononcée par la loi. »

Les mêmes termes sont employés par un autre arrêt du 4 septembre 1831 : « En ce qui touche le moyen tiré de la prétendue violation des art. 154, 161 et 189 C. inst. crim., en ce que la Cour royale aurait cherché des éléments de preuve ailleurs que dans les procès-verbaux, rapports et déclarations des témoins; Attendu qu'en matière criminelle les juges, remplissant les fonctions de jurés, peuvent soumettre à leur appréciation tous les éléments de conviction que l'instruction a réunis, etc. »

Un arrêt, rendu le 29 juin 1848, sur un pourvoi formé dans l'intérêt de la loi, consacre les mêmes principes avec une précision plus grande encore :

« Vu les art. 154 et 189 C. inst. crim.; — Attendu que, d'après ces articles, les délits et contraventions sont prouvés soit par procès-verbaux, soit par témoins à défaut de procès-verbaux ou à leur appui;

« Que cet article n'interdit point aux Tribunaux de chercher les éléments de leur conviction dans tous les autres modes de preuve admis par l'ensemble de la législation, et notamment dans les déclarations faites en justice par les prévenus eux-mêmes, lorsqu'ils proposent leur défense aux termes des art. 153 et 190 dn même Code;

« Que, sans doute, le juge reste maître d'apprécier la force probante de l'aveu que peut faire le prévenu, eu égard aux circonstances dans lesquelles il intervient, mais qu'il ne peut se refuser d'en faire la base d'une condamnation, par le seul motif qu'aucun procès-verbal régulier n'a constaté le fait matériel du délit ou de la contravention, puisque ce serait exiger pour ce fait, contre le vœu des dispositions ci-dessus rappelées, une preuve légale incompatible avec les principes de notre droit criminel. »

Il résulte de ces arrêts que, sauf quelques cas rigoureusement déterminés par la loi ou par la jurisprudence, les juges sont souverains appréciateurs des preuves qui leur sont soumises. On cite bien comme contenant une exception à cette règle, un arrêt de la Cour de Turin, du 28 février 1810, qui a déclaré qu'aucune condamnation ne devait être prononcée alors qu'il n'y avait pour preuve du délit que l'aveu du prévenu; mais cette décision, peu conforme aux principes, s'explique en partie par cette raison que l'aveu qui avait motivé la condamnation n'avait été fait qu'à l'occasion du sacrement de la pénitence et par l'ordre même du ministre qui avait reçu la confession. Aucun doute n'est donc possible ici, et il est vrai de dire qu'en principe, à tous les degrés de juridiction, une seule chose est demandée au juge, à savoir : l'intime conviction de sa conscience.

Et s'il est prouvé que les dispositions de l'article 342 C. instr. crim. concernent les juges de police aussi bien que les jurés, les observations que j'ai présentées plus haut sur le véritable sens et la portée de cet article pourraient être rappelées ici. Comme les jurés, les juges doivent peser dans leur conscience seule les charges de la prévention et les moyens de la défense; ils doivent s'abstenir, comme eux, d'une trop grande assurance et d'une excessive timidité, se garder d'une aveugle rigueur autant que d'une faiblesse exagérée, en un mot, concilier avec les droits de l'humanité les nécessités de la répression.

Tel est, ce me semble, Messieurs, dans ses principaux traits, le caractère des preuves en matière criminelle : sages précautions dans le cours de l'instruction, liberté tempérée par quelques réserves dans le temps du jugement. La vérité légale ne joue plus de nos jours qu'un rôle bien restreint. Elle n'exerce plus, comme autrefois, sur les juges, un empire despotique; mais elle vient, par son autorité, consacrer leurs arrêts; impuissante à faire condamner, elle fait respecter les condamnations; elle trouve alors sa raison dans une haute nécessité d'ordre public, et cependant, ici encore, elle cède, quand la loi le permet, la place à l'évidence contraire.

Je l'ai dit, la conscience et la raison ont retrouvé leurs droits devant la justice; il ne tient qu'aux juges et aux magistrats de les exercer. Messieurs, pour la plupart, sans doute, nous contribuerons un jour à cette tâche. Pour moi, je voudrais, dans les pages que vous venez d'entendre, avoir réussi à vous en rappeler l'importance, et, en faisant ressortir le progrès opéré par nos lois sur les lois antérieures dans l'organisation des preuves en matière criminelle, avoir contribué à entretenir dans vos esprits le respect et le culte de ces lois.

FIN

Paris.     Typ. de Cosson et Comp., rue du Four-St-Germain, 43.